Nietzsche ist weltberühmt als radikaler Philosoph und glänzender Prosaist. Schon als Kind hat er aber auch Gedichte geschrieben. Dieses Geschenkbüchlein lädt ein, den Poeten Nietzsche zu entdecken. In zwölf Themenkreisen schreitet die Auswahl sein lyrisches Werk ab und zeigt nicht nur dessen dichterischen Rang, sondern – von Lied, Ballade, Stanze, Spruch und Parodie bis zu freien Rhythmen – auch seine formale Spannweite.

Friedrich Wilhem Nietzsche wurde 1844 als Sohn und Enkel von Pastoren in Röcken bei Leipzig geboren. Seine Genialität wurde früh erkannt, und auch als Schriftsteller war er anfänglich erfolg-reich. Ab 1873 zunehmend krank, musste er 1879 seine Basler Professur niederlegen und schrieb in den folgenden zehn Jahren jene Werke, die ihn schon bald nach seiner Umnachtung – Januar 1889 – weltberühmt machten. Er starb 1900 in Weimar.

Johann Prossliner wurde 1941 in Südtirol geboren und lebt als freier Lektor, Übersetzer und Autor in München. 1999 erschien im Kastell Verlag ›Licht wird alles, was ich fasse. Das Lexikon der Nietzsche-Zitate‹. Seit 2002 ist es in der überarbeiteten 2. Auflage auch bei dtv (3367) lieferbar.

Friedrich Nietzsche

Heiterkeit, güldene

Gedichte

Ausgewählt und herausgegeben
von Johann Prossliner

Deutscher Taschenbuch Verlag

Originalausgabe
November 2003
Deutscher Taschenbuch Verlag GmbH & Co. KG.
München
www.dtv.de
© 2003, Deutscher Taschenbuch Verlag, München
Umschlagkonzept: Balk & Brumshagen
Umschlagbild ›Letztes Licht (vom Hahnenkamm gegen
Loferer Steinberge)‹, 1987, von Prof. Ernst Insam
Gesetzt aus der Bembo 10/12°
Satz: ServiceBüro Burgauner, München
Druck und Bindung: C. H. Beck, Nördlingen
Gedruckt auf säurefreiem, chlorfrei gebleichtem Papier
Printed in Germany · ISBN 3-423-20672-1

INHALT

Gefährlich leben

»Zur Hölle geht, wer deine Wege geht!« –
Wohlan! Zu meiner Hölle
will ich den Weg mir mit guten Sprüchen pflastern.

DER WANDRER

»Kein Pfad mehr! Abgrund rings und Totenstille!« –
So wolltest du's! Vom Pfade wich dein Wille!
Nun, Wandrer, gilt's! Nun blicke kalt und klar!
Verloren bist du, glaubst du – an Gefahr.

› DER WANDERER UND SEIN SCHATTEN ‹
Ein Buch

Nicht mehr zurück? Und nicht hinan?
Auch für die Gemse keine Bahn?

So wart' ich hier und fasse fest,
was Aug' und Hand mich fassen lässt!

Fünf Fuß breit Erde, Morgenrot,
und *unter* mir – Welt, Mensch und Tod!

HERAKLITISMUS

Alles Glück auf Erden,
Freunde, gibt der Kampf!
Ja, um Freund zu werden,
braucht es Pulverdampf!
Eins in Drei'n sind Freunde:
Brüder vor der Not,
Gleiche vor dem Feinde,
Freie – vor dem Tod!

ZUSPRUCH

Auf Ruhm hast du den Sinn gericht?
Dann acht' der Lehre:
Bei Zeiten leiste frei Verzicht
auf Ehre!

ECCE HOMO

Ja! Ich weiß, woher ich stamme!
Ungesättigt gleich der Flamme
glühe und verzehr' ich mich.
Licht wird alles, was ich fasse,
Kohle alles, was ich lasse:
Flamme bin ich sicherlich!

PINIE UND BLITZ

Hoch wuchs ich über Mensch und Tier;
und sprech' ich – niemand spricht mit mir.

Zu einsam wuchs ich und zu hoch –
ich warte: worauf wart' ich doch?

Zu nah' ist mir der Wolken Sitz, –
ich warte auf den ersten Blitz.

ZWISCHEN RAUBVÖGELN

Wer hier hinabwill,
wie schnell
schluckt den die Tiefe!
– Aber du, Zarathustra,
liebst den Abgrund noch,
tust der *Tanne* es gleich? –

Die schlägt Wurzeln, wo
der Fels selbst schaudernd
zur Tiefe blickt –

Einsam!
Wer wagte es auch,
hier Gast zu sein,
dir Gast zu sein? ...

Ein Raubvogel vielleicht
der hängt sich wohl
dem standhaften Dulder
schadenfroh ins Haar,
mit irrem Gelächter,
einem Raubvogel-Gelächter ...

Wozu so standhaft?
– höhnt er grausam:

man muss Flügel haben, wenn man
                den Abgrund liebt ...
man muss nicht hängen bleiben,
wie du, Gehängter! –

Oh Zarathustra,
grausamster Nimrod!
Jüngst Jäger noch Gottes,
das Fangnetz aller Tugend,
der Pfeil des Bösen!
Jetzt –
von dir selber erjagt,
deine eigene Beute,
in dich selber eingebohrt ...

Jetzt –
einsam mit dir,
zwiesam im eignen Wissen,
zwischen hundert Spiegeln
vor dir selber falsch,
zwischen hundert Erinnerungen
ungewiss,
an jeder Wunde müd,
an jedem Froste kalt,
in eignen Stricken erwürgt
Selbstkenner!
Selbsthenker!

Was bandest du dich
mit dem Strick deiner Weisheit?
Was locktest du dich
ins Paradies der alten Schlange?
Was schlichst du dich ein
in *dich* – in *dich?* ...

Du suchtest die schwerste Last:
da fandest du *dich* –,
du wirfst dich nicht ab von dir ...
Lauernd,
kauernd,
Einer, der schon nicht mehr aufrecht steht!
Du verwächst mir noch mit deinem Grabe,
verwachsener Geist! ...

Und jüngst noch so stolz,
auf allen Stelzen deines Stolzes ....
Jüngst noch der Einsiedler ohne Gott,
der Zweisiedler mit dem Teufel,
der scharlachne Prinz jedes Übermuts! ...

Jetzt –
zwischen zwei Nichtse
eingekrümmt,
ein Fragezeichen,
ein müdes Rätsel –
ein Rätsel für *Raubvögel* ...

– sie werden dich schon »lösen«,
sie hungern schon nach deiner »Lösung«,
sie flattern schon um dich, ihr Rätsel,
um dich, Gehenkter! ...
Oh Zarathustra! ...
Selbstkenner!
Selbsthenker! *

Heimatlosigkeit

DER HERBST

Dies ist der Herbst: der – bricht dir noch das Herz!
Fliege fort! fliege fort!
Die Sonne schleicht zum Berg
und steigt und steigt
und ruht bei jedem Schritt.

Was ward die Welt so welk!
Auf müd gespannten Fäden spielt
der Wind sein Lied.
Die Hoffnung floh –
er klagt ihr nach.–

Dies ist der Herbst: der – bricht dir noch das Herz!
Fliege fort! fliege fort! –
Oh Frucht des Baums,
du zitterst, fällst?
Welch ein Geheimnis lehrte dich
die Nacht,
dass eis'ger Schauder deine Wange,
die Purpurwange deckt? –

Dies ist der Herbst: der – bricht dir noch das Herz!
Fliege fort! fliege fort! ★

DER WANDRER

Es geht ein Wandrer durch die Nacht
mit gutem Schritt;
Und krummes Tal und lange Höhn –
er nimmt sie mit.
Die Nacht ist schön –
er schreitet zu und steht nicht still,
weiß nicht, wohin sein Weg noch will.

Da singt ein Vogel durch die Nacht:
»Ach Vogel, was hast du gemacht!
Was hemmst du meinen Sinn sind Fuß
und gießest süßen Herz Verdruss
ins Ohr mir, dass ich stehen muss
und lauschen muss –
Was *lockst* du mich mit Ton und Gruß?«

Der gute Vogel schweigt und spricht:
»Nein, Wandrer, nein! Dich lock' ich nicht
mit dem Getön –
ein Weibchen lock' ich von den Höh'n –
was geht's dich an?
Allein ist mir die Nacht nicht schön –
was geht's dich an? Denn du sollst gehn

und nimmer, nimmer stille stehn!
Was stehst du noch?
Was tat mein Flötenlied dir an,
du Wandersmann?«
Der gute Vögel schwieg und sann:
»Was tat mein Flötenlied ihm an?
Was steht er noch? –
Der arme, arme Wandersmann!«

DER WEISE SPRICHT

Dem Volke fremd und nützlich doch dem Volke,
zieh' ich des Weges, Sonne bald, bald Wolke –
und immer *über* diesem Volke!

VEREINSAMT

Die Krähen schrei'n
und ziehen schwirren Flugs zur Stadt:
   bald wird es schnei'n, –
wohl dem, der jetzt noch – Heimat hat!

Nun stehst du starr,
schaust rückwärts, ach! wie lange schon!
   Was bist du Narr
vor Winters in die Welt entflohn?

Die Welt – ein Tor
zu tausend Wüsten stumm und kalt!
   Wer das verlor,
was du verlorst, macht nirgends halt.

Nun stehst du bleich,
zur Winter-Wanderschaft verflucht,
   dem Rauche gleich,
der stets nach kältern Himmeln sucht.

Flieg, Vogel, schnarr
dein Lied im Wüstenvogel-Ton! –
   Versteck, du Narr,
dein blutend Herz in Eis und Hohn!

Die Krähen schrei'n
und ziehen schwirren Flugs zur Stadt:
   bald wird es schnei'n, –
weh dem, der keine Heimat hat!

VENEDIG

An der Brücke stand
jüngst ich in brauner Nacht.
Fernher kam Gesang:
goldener Tropfen quoll's
über die zitternde Fläche weg.
Gondeln, Lichter, Musik –
trunken schwamm's in die Dämm'rung hinaus ...

Meine Seele, ein Saitenspiel,
sang sich, unsichtbar berührt,
heimlich ein Gondellied dazu,
zitternd vor bunter Seligkeit.
– Hörte jemand ihr zu? ...

DER EINSAMSTE
(Bruchstück)

Nun, da der Tag
des Tages müde ward, und aller Sehnsucht Bäche
von neuem Trost plätschern,
auch alle Himmel, aufgehängt in Gold-Spinnetzen
zu jedem Müden sprechen: »Ruhe nun!« –
was ruhst du nicht, du dunkles Herz,
was stachelt dich zu fußwunder Flucht ...
wes harrest du?

AUS HOHEN BERGEN
Nachgesang
[zu ›Jenseits von Gut und Böse‹]

Oh Lebens Mittag! Feierliche Zeit!
   Oh Sommergarten!
Unruhig Glück im Stehn und Spähn und Warten: –
der Freunde harr' ich, Tag und Nacht bereit.
Wo bleibt ihr, Freunde? Kommt! 's ist Zeit! 's ist Zeit!

War's nicht für euch, dass sich des Gletschers Grau
   heut' schmückt mit Rosen?
Euch sucht der Bach, sehnsüchtig drängen, stoßen
sich Wind und Wolke höher heut' ins Blau,
nach euch zu spähn aus fernster Vogel-Schau.

Im Höchsten ward für euch mein Tisch gedeckt: –
   wer wohnt den Sternen
so nahe, wer des Abgrunds grausten Fernen?
Mein Reich – welch Reich hat weiter sich gereckt?
Und meinen Honig – wer hat ihn geschmeckt? …

– Da *seid* ihr, Freunde! – Weh, doch ich bin's nicht,
   zu dem ihr wolltet!
Ihr zögert, staunt – ach, dass ihr lieber grolltet!

Ich – bin's nicht mehr? Vertauscht Hand,
   Schritt, Gesicht
Und *was* ich bin, euch Freunden – bin ich's nicht?

Ein andrer ward ich? und mir selber fremd?
	mir selbst entsprungen?
ein Ringer; der zu oft sich selbst bezwungen?
zu oft sich gegen eigne Kraft gestemmt,
durch eignen Sieg verwundet und gehemmt?

Ich suchte, wo der Wind am schärfsten weht?
	Ich lernte wohnen,
wo niemand wohnt, in öden Eisbär-Zonen,
verlernte Mensch und Gott, Fluch und Gebet?
ward zum Gespenst, das über Gletscher geht?

Ein *schlimmer* Jäger ward ich! – Seht, wie steil
	gespannt mein Bogen!
Der Stärkste war's, der solchen Zug gezogen – –.
doch wehe nun! Gefährlich ist der Pfeil,
wie *kein* Pfeil, – fort von hier! Zu eurem Heil! …

Ihr wendet euch? – Oh Herz, du trugst genung,
	stark blieb dein Hoffen:
halt *neuen* Freunden deine Türen offen!
Die alten lass! Lass die Erinnerung!
Warst einst du jung, jetzt – bist du besser jung!

Nicht Freunde mehr, das sind – wie nenn' ich's doch? –
	nur Freunds-Gespenster!
Das klopft mir wohl noch nachts an Herz und Fenster,
das sieht mich an und spricht: »Wir *waren's* doch?«
– Oh welkes Wort, das einst wie Rosen roch!

Oh Jugend-Sehnen, das sich missverstand!
    Die ich ersehnte,
die ich mir selbst verwandt-verwandelt wähnte,
dass *alt* sie wurden, hat sie weggebannt: –
Nur wer sich wandelt, bleibt mit mir verwandt.

Oh Lebens Mittag! Zweite Jugendzeit!
    Oh Sommergarten!
Unruhig Glück im Stehn und Spähn und Warten!
Der Freunde harr' ich, Tag und Nacht bereit,
der *neuen* Freunde! Kommt! 's ist Zeit! 's ist Zeit!

Dies Lied ist aus, – der Sehnsucht süßer Schrei
    erstarb im Munde:
ein Zaubrer tat's, der Freund zur rechten Stunde,
der Mittags-Freund – nein! fragt nicht, wer es sei –
um Mittag war's, da wurde Eins zu Zwei …

Nun feiern wir, vereinten Siegs gewiss,
    das Fest der Feste:
Freund *Zarathustra* kam, der Gast der Gäste!
Nun lacht die Welt, der grause Vorhang riss,
die Hochzeit kam für Licht und Finsternis … ⋆

VON DER ARMUT DES REICHSTEN

Zehn Jahre dahin –,
kein Tropfen erreichte mich,
kein feuchter Wind, kein Tau der Liebe
– ein *regenloses* Land …
Nun bitte ich meine Weisheit,
nicht geizig zu werden in dieser Dürre:
ströme selber über, träufle selber Tau
sei selber Regen der vergilbten Wildnis!

Heut strecke ich die Hand aus
nach den Locken des Zufalls,
klug genug, den Zufall
einem Kinde gleich zu führen, zu überlisten.

Wer sind mir Vater und Mutter?
Ist nicht mir Vater Prinz Überfluss
und Mutter das stille Lachen?
Erzeugte nicht, dieser beiden Ehebund
mich Rätseltier,
mich Lichtunhold
mich Verschwender aller Weisheit Zarathustra?

Krank heute vor Zärtlichkeit,
ein Tauwind,
sitzt Zarathustra wartend, wartend auf seinen Bergen, –
im eignen Safte

süß geworden und gekocht,
unterhalb seines Gipfels,
unterhalb seines Eises,
müde und selig,
ein Schaffender an seinem siebenten Tag.

– Still!
Eine Wahrheit wandelt über mir
einer Wolke gleich, –
mit unsichtbaren Blitzen trifft sie mich

– Still!
Meine Wahrheit ist's! –

– Still! Meine Wahrheit *redet!* –

Wehe dir, Zarathustra!
Du siehst aus, wie einer,
der Gold verschluckt hat:
man wird dir noch den Bauch aufschlitzen! …

Zu reich bist du,
du Verderber vieler!
Zu viele machst du neidisch,
zu viele machst du arm …

Zehn Jahre dahin –,
und kein Tropfen erreichte dich?

kein feuchter Wind? kein Tau der Liebe?
Aber wer *sollte* dich auch lieben,
du Überreicher?
Dein Glück macht rings trocken,
macht arm an Liebe
– ein *regenloses* Land ...

Niemand dankt dir mehr.
Du aber dankst jedem,
der von dir nimmt:
daran erkenne ich dich,
du Überreicher,
du *Ärmster* aller Reichen

Du musst *ärmer* werden,
weiser Unweiser!
willst du geliebt sein.
Man liebt nur die Leidenden
man gibt Liebe nur dem Hungernden:
verschenke dich selber erst, oh Zarathustra!

– Ich bin deine Wahrheit ... ★★

Spruch und Widerspruch

Für Tänzer

Glattes Eis
ein Paradeis
für den, der gut zu tanzen weiß.

Meine Härte

Ich muss weg über hundert Stufen,
ich muss empor und hör' euch rufen:
»Hart bist du! Sind wir denn von Stein?« –
Ich muss weg über hundert Stufen,
und niemand möchte Stufe sein.

DER VERKAPPTE HEILIGE

Dass dein Glück uns nicht bedrücke,
legst du um dich Teufelstücke,
Teufelswitz und Teufelskleid.
Doch umsonst! Aus deinem Blicke
blickt hervor die Heiligkeit!

EIS

Ja! Mitunter mach' ich Eis:
nützlich ist Eis zum Verdauen!
Hättet ihr viel zu verdauen,
oh wie liebtet ihr mein Eis!

JUGENDSCHRIFTEN

Meiner Weisheit A und O
klang mir hier: was hört' ich doch!
Jetzo klingt mir's nicht mehr so,
nur das ew'ge Ah! und Oh!
meiner Jugend hör' ich noch.

DER FROMME SPRICHT

Gott liebt uns, weil er uns erschuf!
»Der Mensch schuf Gott!« – sagt drauf ihr Feinen.
Und soll nicht lieben, was er schuf?
Soll's gar, weil er es schuf, verneinen?
Das hinkt, das trägt des Teufels Huf.

VORSICHT

In jener Gegend reist man jetzt nicht gut;
und hast du Geist, sei doppelt auf der Hut!
Man lockt und liebt dich, bis man dich zerreißt;
Schwarmgeister sind's —: da fehlt es stets an Geist.

VORSICHT: GIFT!

Wer hier nicht lachen kann, soll hier nicht lesen!
Denn, lacht er nicht, fasst ihn »das böse Wesen«!

NIEDERGANG

»Er sinkt, er fällt jetzt« — höhnt ihr hin und wieder;
die Wahrheit ist: er steigt zu euch hernieder!

Sein Überglück ward ihm zum Ungemach,
sein Überlicht geht eurem Dunkel nach.

GEGEN DIE GESETZE

Von heut an hängt an här'ner Schnur
um meinen Hals die Stunden-Uhr:
von heut an hört der Sterne Lauf,
Sonn', Hahnenschrei und Schatten auf,
und was mir je die Zeit verkünd't,
das ist jetzt stumm und taub und blind: –
es schweigt mir jegliche Natur
beim Tiktak von Gesetz und Uhr.

MIT DEM FUSSE SCHREIBEN

Ich schreib' nicht mit der Hand allein:
der Fuß will stets mit Schreiber sein.
Fest, frei und tapfer läuft er mir
bald durch das Feld, bald durchs Papier.

Was man nicht hat,
aber nötig hat,
das soll man sich nehmen:
so nahm ich mir das gute Gewissen.

Bist du zerbrechlich?
So hüte dich vor *Kindshänden!*
Das Kind kann nicht leben,
wenn es nichts zerbricht …

WÄHLERISCHER GESCHMACK

Wenn man frei mich wählen ließe,
wählt' ich gern ein Plätzchen mir
mitten drin im Paradiese:
gerner noch – vor seiner Tür!

VERGEBEN, VERGESSEN

Ich habe dir und mir vergeben und vergessen;
Weh! Du hast dich und mich vergessen und vergeben.

HIER ROLLTE GOLD …

Hier rollte Gold, hier spielte ich mit Golde –
in Wahrheit spielte Gold mit mir – ich rollte!

HÖHERE MENSCHEN

Der steigt empor – ihn soll man loben!
Doch jener kommt allzeit von oben!
Der lebt dein Lobe selbst enthoben,
Der ist von droben!

WEIBS-SPRÜCHLEIN

Alter, ach! und Wissenschaft
Gibt auch schwacher Tugend Kraft.

Schwarz Gewand und Schweigsamkeit
kleidet jeglich Weib – gescheit.

Wem im Glück ich dankbar bin?
Gott – und meiner Schneiderin.

Kurze Rede, langer Sinn –
Glatteis für die Eselin! *

DER STARKE

So wie jeder Sieger spricht,
sprachst du: »Zufall gibt es nicht!«
Gestern sprachst du also nicht –
niemand weiß, was ihm geschicht.

Gedanken und Bücher

EINLADUNG

Wagt's mit meiner Kost, ihr Esser!
Morgen schmeckt sie euch schon besser
und schon übermorgen gut!
Wollt ihr dann noch mehr, – so machen
meine alten sieben Sachen
mir zu sieben neuen Mut.

Meinem Leser
Ein gut Gebiss und einen guten Magen –
dies wünsch' ich dir!
Und hast du erst mein Buch vertragen,
verträgst du dich gewiss mit mir!

›MENSCHLICHES, ALLZUMENSCHLICHES‹
Ein Buch

Schwermütig scheu, solang du rückwärts schaust,
der Zukunft trauend, wo du selbst dir traust:
oh Vogel, rechn' ich dich den Adlern zu?
Bist du Minervas Liebling U-hu-hu?

Widmungsverse

An Richard und Cosima Wagner

Dem Meister und der Meisterin
entbietet Gruß mit frohem Sinn,
beglückt ob einem neuen Kind
von Basel Friedrich Freigesinnt.

 Er wünscht, dass sie mit Herzbewegen
aufs Kind die Hände prüfend legen
und schauen, ob es Vaters Art,
wer weiß? selbst mit 'nem Schnurrenbart,
und ob es wird, auf Zween und Vieren,
sich tummeln in den Weltrevieren.

 In Bergen wollt' zum Licht es schlüpfen,
gleich neugebornem Zicklein hüpfen.
Was ihm auf seinem Erdenwallen

beschieden sei: es will gefallen;
nicht vielen: fünfzehn an der Zahl,
den andern werd' es Spott und Qual.

  Doch eh' wir in die Welt es schicken,
mög' Meisters Treuaug' segnend blicken,
und dass ihm folge fürderhin
die kluge Gunst der Meisterin!

An Madame Louise O.[Ott]

Freundin! Der sich vermaß, dich dem Glauben
            ans Kreuz zu entreißen,
schickt dir dies Buch: doch er selbst
        macht vor dem Buche ein Kreuz.

An Fräulein Malwida von Meysenbug

Ist von Sorrentos Duft nichts hängen blieben?
Ist alles wilde, kühle Bergnatur,
kaum herbstlich sonnenwarm und ohne Lieben?
So ist ein *Teil* von mir im Buche nur:
den bessern Teil, ihn bring' ich zum Altar
für sie, die Freundin, Mütter, Arzt mir war.

›DIE FRÖHLICHE WISSENSCHAFT‹

Dies ist kein Buch: was liegt an Büchern!
Was liegt an Särgen und Leichentüchern!
Dies ist ein Wille, dies ist ein Versprechen,
dies ist ein letztes Brücken-Zerbrechen,
dies ist ein Meerwind, ein Anker-Lichten,
ein Räder-Brausen, ein Steuer-Richten;
es brüllt die Kanone, weiß dampft ihr Feuer,
es lacht das Meer, das Ungeheuer!

AN DAS IDEAL

Wen liebt' ich so wie dich, geliebter Schatten!
Ich zog dich an mich, in mich – und seitdem
ward ich beinah zum Schatten, du zum Leibe.
Nur dass mein Auge unbelehrbar ist,
gewöhnt, die Dinge außer sich zu sehen:
ihm bleibst du stets das ew'ge »Außer-mir«.
Ach, dieses Auge bringt mich außer mich!

DICHTERS BERUFUNG

Wessen harr' ich hier im Busche?
Wem doch laur' ich Räuber auf?
Ist's ein Spruch? Ein Bild? Im Husche
sitzt mein Reim ihm hintendrauf.
Was nur schlüpft und hüpft, gleich sticht der
Dichter sich's zum Vers zurecht.
– »Ja, mein Herr, Sie sind ein Dichter«
achselzuckt der Vogel Specht.

Schiefe Sprüchlein voller Eile,
trunkne Wörtlein, wie sich's drängt!
bis ihr alle, Zeil' an Zeile,
an der Tiktak-Kette hängt.
Und es gibt grausam Gelichter,
das dies – freut? Sind Dichter – schlecht?
– »Ja, mein Herr, Sie sind ein Dichter«
achselzuckt der Vogel Specht.

Höhnst du, Vogel? Willst du scherzen?
Steht's mit meinem Kopf schon schlimm,
schlimmer stünd's mit meinem Herzen?
Fürchte, fürchte meinen Grimm! –

Doch der Dichter – Reime flicht er
selbst im Grimm noch schlecht und recht.
– »Ja, mein Herr, Sie sind ein Dichter«
achselzuckt der Vogel Specht. ★★

IM SÜDEN

Das weiße Meer liegt eingeschlafen,
und purpurn steht ein Segel drauf.
Fels, Feigenbäume, Turm und Hafen,
Idylle rings, Geblök von Schafen, –
Unschuld des Südens, nimm mich auf!

Einsam zu denken nenn' ich weise,
doch einsam singen – wäre dumm!
So hört ein Lied zu eurem Preise
und setzt euch still um mich im Kreise,
ihr schlimmen Vögelchen, herum!

So jung, so falsch, so umgetrieben
scheint ganz ihr mir gemacht zum Lieben
und jedem schönen Zeitvertreib?
Im Norden – ich gesteh's mit Zaudern –
liebt' ich ein Weibchen, alt zum Schaudern:
»die Wahrheit« hieß dies alte Weib ... **

Deine großen Gedanken,
die aus dem Herzen kommen,
und alle deine kleinen
– sie kommen aus demKopf –
sind sie nicht alle *schlecht* gedacht?

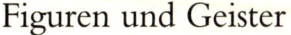

Figuren und Geister

Der Unfreie

A:
Er steht und horcht: was konnt' ihn irren?
Was hört' er vor den Ohren schwirren?
Was war's, das ihn darniederschlug?

B:
Wie jeder, der einst Ketten trug,
hört überall er – Kettenklirren.

SENECA ET HOC GENUS OMNE

Das schreibt und schreibt
                    sein unausstehlich weises Larifari,
als gält' es primum scribere,
deinde philosophari.

DER REALISTISCHE MALER

»Treu die Natur und ganz!« – Wie fängt er's an:
wann wäre je Natur im Bilde *abgetan?*
Unendlich ist das kleinste Stück der Welt! –
Er malt zuletzt davon, was ihm *gefällt.*
Und was gefällt ihm? Was er malen *kann!*

An Goethe

Das Unvergängliche
ist nur dein Gleichnis!
Gott, der Verfängliche,
ist Dichter-Erschleichnis …

Welt-Rad, das rollende,
streift Ziel auf Ziel:
Not – nennt's der Grollende,
der Narr nennt's – Spiel …

Welt-Spiel, das herrische,
mischt Sein und Schein: –
das Ewig-Närrische
mischt *uns* hinein! …

»DIESEN UNGEWISSEN SEELEN«

Diesen ungewissen Seelen
bin ich grimmig gram.
All ihr Ehren ist ein Quälen,
all ihr Lob ist Selbstverdruss und Scham.

Dass ich nicht an ihrem Stricke
ziehe durch die Zeit,
dafür grüßt mich ihrer Blicke
giftig-süßer hoffnungsloser Neid.

Möchten sie mir herzhaft fluchen
und die Nase drehn!
Dieser Augen hilflos Suchen
soll bei mir auf ewig irre gehn.

JEDER BUCKEL KRÜMMT SICH SCHIEFER ...

Jeder Buckel krümmt sich schiefer,
jeder Christ treibt Juden-Schacher,
die Franzosen werden tiefer,
und die Deutschen – täglich flacher!

AN SPINOZA

Dem »Eins in Allem« liebend zugewandt,
amore dei, selig aus Verstand –
Die Schuhe aus! welch dreimal heilig Land! –
– Doch unter dieser Liebe fraß
unheimlich glimmender Rachebrand:
– am Judengott fraß Judenhass! –
– Einsiedler, hab' ich dich erkannt?

ARTHUR SCHOPENHAUER

Was er lehrte, ist abgetan,
was er lebte, wird bleiben stahn:
seht ihn nur an –
Niemandem war er untertan!

An Richard Wagner

Der du an jeder Fessel krankst,
friedloser, unbefreiter Geist,
siegreicher stets und doch gebundener,
verekelt mehr und mehr, zerschundener,
bis du aus jedem Balsam Gift dir trankst –,
Weh! dass auch du am *Kreuze* niedersankst!
Auch du! auch du,– ein Überwundener!

Vor diesem Schauspiel steh' ich lang,
Gefängnis atmend, Gram und Groll und Gruft,
dazwischen Weihrauch-Wolken, Kirchen-Duft,
mir fremd, mir schauerlich und bang.
Die Narrenkappe werf' ich tanzend in die Luft,
denn ich entsprang!

PARSIFAL-MUSIK

– Ist das noch deutsch?
Aus deutschem Herzen kam dies schwüle Kreischen?
Und deutschen Leibs ist dies Sich-selbst-Zerfleischen?
Deutsch ist dies Priester-Hände-Spreizen,
dies weihrauchdüftelnde Sinne-Reizen?
Und deutsch dies Stürzen, Stocken, Taumeln,
dies zuckersüße Bimbambaumeln?
dies Nonnen-Äugeln, Ave-Glockenbimmeln,
dies ganze falsch verzückte Himmel-Überhimmeln? ...

– Ist das noch deutsch?
Erwägt! Noch steht ihr an der Pforte ...
Denn was ihr hört, ist *Rom,* –
Roms Glaube ohne Worte!

AN HAFIS
(Frage eines Wassertrinkers)

Die Schenke, die du dir gebaut,
  ist größer als jedes Haus,
die Tränke, die du drin gebraut,
  die trinkt die Welt nicht aus.
Der Vogel, der einst Phönix war,
  der wohnt bei dir zu Gast,
die Maus, die einen Berg gebar,
  die – bist du selber fast!

Bist Alles und Keins, bist Schenke und Wein,
  bist Phönix, Berg und Maus,
fällst ewiglich in dich hinein,
  fliegst ewig aus dir hinaus –
bist aller Höhen Versunkenheit,
  bist aller Tiefen Schein,
bist aller Trunknen Trunkenheit
  – wozu, wozu *dir* – Wein?

Bilder und Szenen

LUDWIG DER FÜNFZEHNTE

Es wütet der Sturm mit entsetzlicher Macht,
Es brauset ein Zug durch die Mitternacht.

Ein Zug von Reitern, vom Blitz umloht,
Ein Wagen voran, im Wagen der Tod.

Die Rosse rasen, die Funken sprühn,
Die Donner rollen, die Blitze glühn.

Geseufz' von Ferne, rings Grabesduft,
Und Nachtgespenster durchwirbeln die Luft.

Die Reiter schauern: im fahlen Licht
Grinst nieder das öde Hochgericht.

Der Wandrer kreuzt sich, fällt auf die Knie:
»Wohin der Richtzug?« »Nach St. Denys!« –

Im Gefängnis

Ein Totenmahl um Mitternacht:
Rings um den Tisch die Girondisten.
Brissot springt auf: »Freunde, habt acht!
Im Moniteur die Sterbelisten!
– Gerichtet gestern in Bordeaux
Guadet, Salles und Barbaroux.«
Sie schweigen. Leis ruft Vergniaud:
»Wir folgen bald. Sie sind zur Ruh!« –
»Roland durch Selbstmord.« Klanglos spricht
Die treue Schar die Worte nach.
Umdüstert starrt ihr Angesicht,
Wie Wetternacht umhüllt den Tag.
»Buzot und Petion verschwanden
In tiefem Forst. Die Häscher fanden
Zerfetzt die Kleider, blutbetaut.«
Sie saßen stumm, kein Hauch, kein Laut.
Da dringt gedämpfter Trommelklang
Von fern heran, des Tods Signale.
Ein Schauer streift die Männer bang,
Sie stürmen auf, füll'n die Pokale.
In ihren Augen glüht der Brand,
Der ihre schwüle Zeit durchloht.
Champagner sprüht. Hochauf die Hand!
»Der Welt, die uns vergisst, den Tod!«
Der Gläser greller Klang verhallt.

Ein Traum durchwogt die Seelen schnell.
Der Zukunft Vorhang niederwallt:
Das Weltenmeer weit, Well' an Well'.
Sie schauen hin, und wonnetrunken
Umglühn sie der Begeist'rung Funken. –
Am Fenster glänzt der blasse Tag.
Von fern tönt dumpfer Trommelschlag. –

SHAKESPEARE

[Zu seinem 300. Geburtstag am 23. April 1864]

Er starb und ward begraben. Kaum gekannt
Inmitten grauer Steine und umschlungen
Von Moose lag sein Grab. Sein Glück, sein Stand,
Sein Leben war in aller Mund verklungen;
Kaum dass man selt'ne Kunde von ihm fand,
Und diese selbst verwittert und zersprungen.
Es gingen über ihn mit wilder Welle
Der Zeiten buntbewegte Wechselfälle.

Die Bühnen sind geschlossen. Heimlich kaum
Bei Nacht und Stille sucht man mit Behagen,
Wie König und Gefolg' auf engem Raum
Und Witz und Ernst im Spiel vorüberjagen:
Man sieht den langentbehrten, schönen Traum,
Den Kirch' und Volk in enge Haft geschlagen,
Als Werk des Teufels schmachvoll, ohne Rechte:
Der Bühne Diener heißen Teufelsknechte.

Doch jetzt vorüber! Finstrer Zwang umhüllt
Die strengen Seelen mit selbsteig'nen Nöten.
Sie tragen es – und keine Träne quillt –
Sie mögen lieber ihren König töten,
Als auf der Bühne sehen Bild um Bild
Und einen Scherz zu hören ohn' Erröten.
Die Leute sind zu ernst. Die Kunst wird flüchtig –
Und wird in Frankreich prunkend, hohl und nichtig.

Da lag er eingesargt, vom Volk vergessen,
Bald missgedeutet oder arg geschmäht!
Man dürf' ihn nicht nach diesen Zeiten messen,
Da jene wüsten, rohen längst verweht.
Man wolle nicht der Väter Eicheln essen –
Es reiche süß're Kost ja Seine Majestät.
Und mancher sprach, ein unberufner Richter,
Von ihm, dem rohen, ungefügen Dichter.

Dem Lebenden, des Grab verschlossen war,
Auf dem der Vorurteile Felsen lagen,
Der unter uns auch wandelt wunderbar
Und immer neu ersteht in diesen Tagen:
Dem Lebenden, dem noch von Jahr zu Jahr
Mehr Herzen jubelvoll entgegenschlagen,
Nur ihm, dem Lebenden, nicht jenem Toten
Sei heut' des Festes erster Gruß entboten. **

UNTREUE LIEBE

Die Hand, die herzlich dargebotene
Zurückgegeben, zweifelhaften Auges,
Und auf der Zunge wägend Silb' um Silbe,
Das Herz, den aufgebrochnen Brief, zurück
Gewiesen, ungelesen, ungedeutet!
Und das von dir!
       Herum im Kreise staunten
Und lachten Eintagsfliegen, flogen weiter
Und summten ärgerlich Gesumm. Jedoch
Ein Gott riss mich heraus, mit wilder Schwermut
Den Sinn umnachtend. –
Und lächelnd schau' ich jetzt die Fäden an,
Die durchgeriss'nen, durch die Hand mir gleitend,
An denen es wie Blut und Tränen glänzt:
Sie waren schön und sind es noch, und wie
Des späten Sommers Schleier fliehn sie fort,
Ein Windhauch spielt mit ihnen, und das Gold
Der Abendsonne glüht und glitzert drinnen.
Du nicht mehr mein! Es spielt mein liebster Traum
Mit deinem Bild, und einsam steigst du auf
Aus Herzenstiefen, wie ein Stern, entglommen
An meines Lebens nächt'gem Himmel – doch
Schon ferne, ach zu ferne, schon versunken!

NACHTGEDANKE

Ich sah ins Licht, von einer Mücke leis
Umschwirrt, in meinem Stuhl zurückgesunken:
Durchlaufen hatt' ich den gewohnten Kreis,
Gewohnte Freuden hatt' ich ausgetrunken,
Das Haar dem Winde und die Brust der Flut,
Das Herz der Dämm'rung freundlich dargeboten
Und sanft erregt das leicht beschwingte Blut,
Der Toten eingedenk, der liebsten Toten.

Da liegen vor mir Bücher aufgeschlagen
Und mitten drin ein vollgeschrieben Blatt;
Die Bücher sind so tot – doch ich voll Zagen
Greif nach dem Brief: die Schrift ist matt,
Verblichen ist die Hand, die sie geschrieben,
Das Herz ist tot, das dieser Hand befahl.
An diesem Briefe haftet all mein Lieben,
An diesen Zügen alle meine Qual.

Fast eingebrannt das Licht – es flackert auf,
Und heller wird's im Zimmer, in der Brust:
Wach auf, mein Herz, steig aus der Gruft heraus
Und bade dich in neuer Morgenlust.
Noch ist dein Geistesöl nicht ausgebrannt,
Noch kannst du weithin helle Funken werfen,
Verrostet ruht dein Eisenschwert im Sand –
Nimm Felsen, Blitze, Donner, es zu schärfen! **

LIED EINES THEOKRITISCHEN ZIEGENHIRTEN

Da lieg' ich, krank im Gedärm, –
mich fressen die Wanzen.
Und drüben noch Licht und Lärm!
Ich hör's, sie tanzen …

Sie wollte um diese Stund'
zu mir sich schleichen.
Ich warte wie ein Hund, –
es kommt kein Zeichen.

– Wie kraus und giftig macht
verliebtes Warten!
So wächst bei schwüler Nacht
Giftpilz im Garten.

Der Mond ging schon ins Meer,
müd' sind alle Sterne,
grau kommt der Tag daher, –
ich stürbe gerne. **

DIE FROMME BEPPA

So lang noch hübsch mein Leibchen,
lohnt sich's schon, fromm zu sein.
Man weiß, Gott liebt die Weibchen,
die hübschen obendrein.
Er wird's dem armen Mönchlein
gewisslich gern verzeih'n,
dass er, gleich manchem Mönchlein,
so gern will bei mir sein.

   Die Kirche weiß zu leben,
sie prüft Herz und Gesicht.
Stets will sie mir vergeben, –
ja, wer vergibt mir nicht!
Man lispelt mit dem Mündchen,
man knixt und geht hinaus,
und mit dem neuen Sündchen
löscht man das alte aus. ★★

Fern brummt der Donner übers Land,
Der Regen tropft und tropft:
Geschwätzig früh schon, der Pedant,
Dem nichts das Maul mehr stopft.
Der Tag schielt boshaft nach mir hin,
Löscht mir die Lampe aus!
Oh gute Nacht! Oh Einsamkeit!
Oh Buch! Oh Tintenfass!
Nun wird mir alles grau und leid.

DIE KLEINE BRIGG,
GENANNT »DAS ENGELCHEN«

Engelchen: so nennt man mich –
jetzt ein Schiff, dereinst ein Mädchen,
ach, noch immer sehr ein Mädchen!
Denn es dreht um Liebe sich
stets mein feines Steuerrädchen.

Engelchen: so nennt man mich –
bin geschmückt mit hundert Fähnchen,
und das schönste Kapitänchen
bläht an meinem Steuer sich,
als das hundert-erste Fähnchen.

Engelchen: so nennt man mich –
kaum gehört, sprang ich vom Klippchen
in den Grund und brach ein Rippchen,
dass die liebe Seele wich:
ja, sie wich durch dieses Rippchen!

Engelchen: so nennt man mich –
jetzt ein Schiff, dereinst ein Mädchen,
ach, noch immer sehr ein Mädchen!
Denn es dreht um Liebe sich
stets mein feines Steuerrädchen. ★★

FREUND YORIK, MUT! ...

Freund Yorik, Mut!
Und wenn dich dein *Gedanke* quält,
wie jetzt er tut,
heiß das nicht – »Gott«! Denn, weit gefehlt,
es ist ja nur dein eigen *Kind,*
dein Fleisch und Blut,
was dich da drangsaliert und quält,
dein kleiner Schelm und Tu-nicht-gut!
– Sieh zu, wie ihm die *Rute* tut!

Und kurz, Freund Yorik! Lass die düstre
Philosophie – und dass ich hier
noch einen Spruch als Medizin
und Haus-Rezept ins Ohr dir flüstre
– *mein* Mittel gegen solchen spleen! –:
»Wer seinen ‹Gott› liebt, züchtigt ihn.«

UNTER FEINDEN
(Nach einem Zigeuner-Sprichwort)

   Dort der Galgen, hier die Stricke
und des Henkers roter Bart.
Volk herum und gift'ge Blicke –
Nichts ist neu dran meiner Art!
Kenne dies aus hundert Gängen,
schrei's euch lachend ins Gesicht:
»Unnütz, unnütz, mich zu hängen!
Sterben? Sterben kann ich nicht!«

   Bettler ihr! Denn euch zum Neide
ward mir, was ihr – nie erwerbt:
zwar ich leide, zwar ich leide –,
aber ihr – ihr sterbt, ihr sterbt!
Auch nach hundert Todesgängen
bin ich Atem, Dunst und Licht –
»Unnütz, unnütz, mich zu hängen!
Sterben? Sterben kann ich nicht!« ★★

DER GEHEIMNISVOLLE NACHEN

Gestern nachts, als alles schlief,
kaum der Wind mit ungewissen
Seufzern durch die Gassen lief,
gab mir Ruhe nicht das Kissen,
noch der Mohn, noch, was sonst tief
schlafen macht, – ein gut Gewissen.

Endlich schlug ich mir den Schlaf
aus dem Sinn und lief zum Strande.
Mondhell war's und mild, – ich traf
Mann und Kahn auf warmem Sande,
schläfrig beide, Hirt und Schaf: –
schläfrig stieß der Kahn vom Lande.

Eine Stunde, leicht auch zwei,
oder war's ein Jahr? – Da sanken
plötzlich mir Sinn und Gedanken
in ein ew'ges Einerlei,
und ein Abgrund ohne Schranken
tat sich auf: – da war's vorbei!

– Morgen kam: auf schwarzen Tiefen
steht ein Kahn und ruht und ruht …
Was geschah? so rief's, so riefen
hundert bald: was gab es? Blut? – –
Nichts geschah! Wir schliefen, schliefen
Alle – ach, so gut! so gut!

BAUM IM HERBST

Was habt ihr plumpen Tölpel mich gerüttelt,
als ich in seliger Blindheit stand!
Nie hat ein Schreck grausamer mich geschüttelt,
– mein Traum, mein goldner Traum entschwand.

Nashörner ihr mit Elephanten-Rüsseln,
macht man nicht höflich erst: Klopf! Klopf?
Vor Schrecken warf ich euch die Schüsseln
goldreifer Früchte – an den Kopf.

Lieder und Grüsse

GRUSS

Ihr Vöglein in den Lüften,
Schwingt mit Gesang euch fort,
Und grüßet mir den teuren,
Den lieben Heimatsort!

Ihr Lerchen, nehmt die Blüten,
Die zarten, mit hinaus!
Ich pflückte sie zur Zierde
Fürs teure Vaterhaus.

Du Nachtigall, o schwinge
Dich doch zu mir herab
Und nimm die Rosenknospe
Auf meines Vaters Grab!

ERINNERUNG

Es zuckt die Lippe und das Auge lacht,
Und doch steigt's vorwurfsvoll empor,
Das Bild aus tiefer, tiefer Herzensnacht –
Der milde Stern an meines Himmels Tor.
Er leuchtet siegreich – und die Lippe schließt
Sich dichter – und die Träne fließt.

HERBST

Herbstnebel rings; in grauen Duft
      Zerronnen
Gleiten der Berge Gespenster vorüber.
Rotäugig neigt die Sonne
Trübe das Haupt und immer trüber
Steigt sie in die Wogengruft.

Herbstnebel rings; in feuchtem Duft
      Nachtschaurig
Flattert das Laub, das lebensmüde.
Sommerlustig, herbsttraurig
Ziehn die Vögel durch die Luft. ★★

LIEDER

II

Es ist der Wind um Mitternacht,
Der leise an mein Fenster klopft.
Es ist der Regenschauer sacht,
Der leis an meiner Kammer tropft.

Es ist der Traum von meinem Glück,
Der durch mein Herz streift wie der Wind.
Es ist der Hauch von deinem Blick,
Der durch mein Herz schweift regenlind.

III

In deinen tränenfeuchten
Augen ruht ein Blick,
Der schmerzlich, herzlich
Dir und mir verwehte Leiden,
Verlorne Stunden und zerronnen Glück
Zurückrief beiden. – **

MEINE ROSEN

Ja! Mein Glück – es will beglücken –,
alles Glück will ja beglücken!
Wollt ihr meine Rosen pflücken?

Müsst euch bücken und verstecken
zwischen Fels und Dornenhecken,
oft die Fingerchen euch lecken!

Denn mein Glück – es liebt das Necken!
Denn mein Glück – es liebt die Tücken! –
Wollt ihr meine Rosen pflücken?

Motto
zum ›Sanctus Januarius‹

Der du mit dem Flammenspeere
meiner Seele Eis zerteilt,
dass sie brausend nun zum Meere
ihrer höchsten Hoffnung eilt:
heller stets und stets gesunder,
frei im liebevollsten Muss: —
also preist sie deine Wunder,
schönster Januarius!

Campo Santo di Staglieno

Oh Mädchen, das dem Lamme
das zarte Fellchen kraut,
dem beides, Licht und Flamme,
aus beiden Augen schaut,
du lieblich Ding zum Scherzen,
du Liebling weit und nah,
so fromm, so mild von Herzen:
Amorosissima!

Was riss so früh die Kette?
Wer hat dein Herz betrübt?
Und liebtest du, wer hätte
dich nicht genug geliebt? –
Du schweigst – doch sind die Tränen
den milden Augen nah: –
du schwiegst – und starbst vor Sehnen:
Amorosissima!

Guter Rat,
recht und billig

MEIN GLÜCK

Seit ich des Suchens müde ward,
erlernte ich das Finden.
Seit mir ein Wind hielt Widerpart,
Segl' ich mit allen Winden.

UNVERZAGT

Wo du stehst, grab tief hinein!
Drunten ist die Quelle!
Lass die dunklen Männer schrein:
»Stets ist drunten – Hölle!«

ZWIEGESPRÄCH

A:
War ich krank? Bin ich genesen?
Und wer ist mein Arzt gewesen?
Wie vergaß ich alles das!

B:
Jetzt erst glaub' ich dich genesen:
denn gesund ist, wer vergaß.

An die Tugendsamen

Unseren Tugenden auch soll'n
      leicht die Füße sich heben:
gleich den Versen Homers
      müssen sie kommen und gehn!

Weltklugheit

Bleib nicht auf ebnem Feld!
Steig nicht zu hoch hinaus!
Am schönsten sieht die Welt
von halber Höhe aus.

Der Verächter

Vieles lass' ich fall'n und rollen,
und ihr nennt mich drum Verächter.
Wer da trinkt aus allzuvollen
Bechern, lässt viel fall'n und rollen –,
denkt vom Weine d'rum nicht schlechter.

Gegen die Hoffart

Blas dich nicht auf: sonst bringet dich
zum Platzen schon ein kleiner Stich.

INTERPRETATION

Leg ich mich aus, so leg ich mich hinein:
Ich kann nicht selbst mein Interprete sein.
Doch wer nur steigt auf seiner eignen Bahn,
trägt auch mein Bild zu hellerm Licht hinan.

DER EINSAME

Verhasst ist mir das Folgen und das Führen.
Gehorchen? Nein! Und aber nein – Regieren!
Wer sich nicht schrecklich ist, macht niemand Schrek-
ken:
und nur wer Schrecken macht, kann andre führen.
Verhasst ist mir's schon, selber mich zu führen!
Ich liebe es, gleich Wald- und Meerestieren,
mich für ein gutes Weilchen zu verlieren,
in holder Irrnis glüblerisch zu hocken,
von ferne her mich endlich heimzulocken,
mich selber zu mir selber – zu verführen.

LEBENSREGELN

Das Leben gern zu leben,
musst du darüber steh'n!
Drum lerne dich erheben!
Drum lerne – abwärts seh'n!

Den edelsten der Triebe
veredle mit Bedachtung:
zu jedem Kilo Liebe
nimm ein Gran Selbstverachtung!

FÜR FALSCHE FREUNDE

Du strahlst, dein Auge ist nicht rein –
nur Einen Gedanken stahlst du? – Nein,
wer darf so frech bescheiden sein!

Nimm diese Handvoll obendrein –
nimm *all* mein Mein –
und friss dich *rein* daran, du Schwein!

Aufbruch und Fahrt,
Lachen und Tanz

TROST FÜR ANFÄNGER

Seht das Kind umgrunzt von Schweinen,
hülflos, mit verkrümmten Zeh'n!
Weinen kann es, nichts als weinen –
lernt es jemals stehn und gehn?
Unverzagt! Bald, sollt' ich meinen,
könnt das Kind ihr tanzen sehn!
Steht es erst auf beiden Beinen,
wird's auch auf dem Kopfe stehn.

UNTER FREUNDEN
Ein Nachspiel

I

Schön ist's, miteinander schweigen,
schöner, miteinander lachen, –
unter seidenem Himmels-Tuche
hingelehnt zu Moos und Buche
lieblich laut mit Freunden lachen
und sich weiße Zähne zeigen.

Macht' ich's gut, so woll'n wir schweigen;
macht' ich's schlimm –, so woll'n wir lachen
und es immer schlimmer machen,
schlimmer machen, schlimmer lachen,
bis wir in die Grube steigen.

Freunde! Ja! So soll's geschehn?
Amen! Und auf Wiedersehn!

2

Kein Entschuld'gen! Kein Verzeihen!
Gönnt ihr Frohen, Herzens-Freien
diesem unvernünft'gen Buche
Ohr und Herz und Unterkunft!
Glaubt mir, Freunde, nicht zum Fluche
ward mir meine Unvernunft!

Was *ich* finde, was *ich* suche –,
stand das je in einem Buche?
Ehrt in mir die Narren-Zunft!
Lernt aus diesem Narrenbuche,
wie Vernunft kommt – »zur Vernunft«!

Also, Freunde, soll's geschehn? –
Amen! Und auf Wiedersehn!

NACH NEUEN MEEREN

Dorthin – *will* ich; und ich traue
mir fortan und meinem Griff.
Offen liegt das Meer, ins Blaue
treibt mein Genueser Schiff.

Alles glänzt mir neu und neuer,
Mittag schläft auf Raum und Zeit –:
nur *dein* Auge – ungeheuer
blickt mich's an, Unendlichkeit!

DER NEUE COLUMBUS

Freundin! – sprach Columbus – traue
keinem Genuesen mehr!
Immer starrt er in das Blaue –
Fernstes lockt ihn allzusehr!

Fremdestes ist nun mir teuer!
Genua – das sank, das schwand!
Herz, bleib kalt! Hand, halt das Steuer!
Vor mir Meer – und Land? – und Land? – –

Stehen fest auf den Füßen!
Nimmer können wir zurück!
Schau hinaus: von fernher grüßen
uns Ein Tod, Ein Ruhm, Ein Glück!

AN DEN MISTRAL
Ein Tanzlied

Mistral-Wind, du Wolken-Jäger,
Trübsal-Mörder, Himmels-Feger,
brausender, wie lieb' ich dich!
Sind wir zwei nicht *eines* Schoßes
Erstlingsgabe, *eines* Loses
Vorbestimmte ewiglich?

Hier auf glatten Felsenwegen
lauf ich tanzend dir entgegen,
tanzend, wie du pfeifst und singst:
der du ohne Schiff und Ruder
als der Freiheit frei'ster Bruder
über wilde Meere springst.

Kaum erwacht, hört' ich dein Rufen,
stürmte zu den Felsenstufen,
hin zur gelben Wand am Meer.
Heil! da kamst du schon gleich hellen
diamantnen Stromesschnellen
sieghaft von den Bergen her.

Tanze nun auf tausend Rücken,
Wellen-Rücken, Wellen-Tücken –
Heil, wer *neue* Tänze schafft!

Tanzen wir in tausend Weisen,
frei – sei *unsre* Kunst geheißen,
fröhlich – *unsre* Wissenschaft!

Raffen wir von jeder Blume
eine Blüte uns zum Ruhme
und zwei Blätter noch zum Kranz!
Tanzen wir gleich Troubadouren
zwischen Heiligen und Huren,
zwischen Gott und Welt den Tanz!

Wirbeln wir den Staub der Straßen
allen Kranken in die Nasen,
scheuchen wir die Kranken-Brut!
Lösen wir die ganze Küste
von dem Odem dürrer Brüste,
von den Augen ohne Mut!

Jagen wir die Himmels-Trüber,
Welten-Schwärzer, Wolken-Schieber,
hellen wir das Himmelsreich!
Brausen wir ... oh aller freien
Geister Geist, mit dir zu zweien
braust mein Glück dem Sturme gleich. – **

DER HALKYONIER

So sprach ein Weib voll Schüchternheit
zu mir im Morgenschein:
»Bist schon du selig vor Nüchternheit,
wie selig wirst du – trunken sein!«

SCHLUSSREIM

Eine ernste Kunst ist Lachen:
soll ich's morgen besser machen,
sagt mir: macht' ich's heute gut?
Kam der Funke stets vom Herzen?
Wenig taugt der Kopf zum Scherzen,
glüht im Herzen nicht die Glut.

Mensch, Dichter
und Gott

DEM UNBEKANNTEN GOTT

Noch einmal eh ich weiter ziehe
Und meine Blicke vorwärts sende,
Heb' ich vereinsamt meine Hände
Zu dir empor, zu dem ich fliehe,
Dem ich in tiefster Herzenstiefe
Altäre feierlich geweiht,
Dass allezeit
Mich deine Stimme wieder riefe.

Darauf erglüht tiefeingeschrieben
Das Wort: dem unbekannten Gotte.
Sein bin ich, ob ich in der Frevler Rotte
Auch bis zur Stunde bin geblieben:
Sein bin ich – und ich fühl' die Schlingen,
Die mich im Kampf darniederziehn
Und, mag ich fliehn,
Mich doch zu seinem Dienste zwingen.

Ich will dich kennen, Unbekannter,
Du tief in meine Seele Greifender,
Mein Leben wie ein Sturm Durchschweifender,
Du Unfassbarer, mir Verwandter!
Ich will dich kennen, selbst dir dienen.

BEI DER DRITTEN HÄUTUNG

Schon krümmt und bricht sich mir die Haut,
schon giert mit neuem Drange,
so viel sie Erde schon verdaut,
nach Erd' in mir die Schlange.
Schon kriech' ich zwischen Stein und Gras
hungrig auf krummer Fährte,
zu essen das, was stets ich aß,
dich, Schlangenkost, dich, Erde!

DAS SPRICHWORT SPRICHT

Scharf und milde, grob und fein,
vertraut und seltsam, schmutzig und rein,
der Narren und Weisen Stelldichein:
dies alles bin ich, will ich sein,
Taube zugleich, Schlange und Schwein!

ALLE EWIGEN QUELL-BRONNEN ...

Alle ewigen Quell-Bronnen
quellen ewig hinan:
Gott selbst – hat er je begonnen?
Gott selbst – fängt er immer an?

UNTER TÖCHTERN DER WÜSTE

1

»Gehe nicht davon!« sagte da der Wanderer, der sich den Schatten Zarathustras nannte, bleibe bei uns, – es möchte sonst uns die alte dumpfe Trübsal wieder anfallen.

Schon gab uns jener alte Zauberer von seinem Schlimmsten zum besten, und siehe doch, der gute fromme Papst da hat Tränen in den Augen und sich ganz wieder aufs Meer der Schwermut eingeschifft.

Vielerlei Länder sah ich doch, meine Nase lernte vielerlei Luft prüfen und abschätzen: aber bei dir schmekken meine Nüstern ihre größte Lust!

Es sei denn –, es sei denn –, oh vergib eine alte Erinnerung! Vergib mir ein altes Nachtisch-Lied, das ich einst unter Töchtern der Wüste dichtete.

Bei denen nämlich gab es gleich gute helle morgenländische Luft; dort war ich am fernsten vom wolkigen feuchten schwermütigen Alt-Europa!

Damals liebte ich solcherlei Morgenland-Mädchen und andres blaues Himmelreich, über dem keine Wolken und keine Gedanken hängen.

Ihr glaubt es nicht, wie artig sie dasaßen, wenn sie nicht tanzten, tief, aber ohne Gedanken, wie kleine Geheimnisse, wie bebänderte Rätsel, wie Nachtisch-Nüsse –

bunt und fremd fürwahr! aber ohne Wolken: Rätsel, die sich raten lassen: solchen Mädchen zu Liebe erdachte ich damals einen Nachtisch-Psalm.«

Also sprach der Wanderer, der sich den Schatten Zara-
thustras nannte; und ehe jemand ihm antwortete, hatte
er schon die Harfe des alten Zauberers ergriffen, die
Beine gekreuzt und blickte gelassen und weise um sich:
– mit den Nüstern aber zog er langsam und fragend die
Luft ein, wie einer, der in neuen Ländern eine neue
Luft kostet. Endlich hob er mit einer Art Gebrüll zu
singen an.

2

Die Wüste wächst: weh dem, der Wüsten birgt …

3

Ha!
Feierlich
ein würdiger Anfang!
afrikanisch feierlich!
eines Löwen würdig
oder eines moralischen Brüllaffen …
– aber Nichts für euch,
ihr allerliebsten Freundinnen,
zu deren Füßen mir,
einem Europäer unter Palmen,
zu sitzen vergönnt ist.   Sela.

Wunderbar wahrlich!
Da sitze ich nun,

der Wüste nahe und bereits
so ferne wieder der Wüste,
auch in Nichts noch verwüstet:
nämlich hinabgeschluckt
von dieser kleinsten Oasis
– sie sperrte gerade gähnend
ihr liebliches Maul auf,
das wohlriechendste aller Mäulchen:
da fiel ich hinein,
hinab, hindurch – unter euch,
ihr allerliebsten Freundinnen! Sela.

Heil, Heil jenem Walfische,
wenn er also es seinem Gaste
wohlsein ließ! – ihr versteht
meine gelehrte Anspielung? ...
Heil seinem Bauche,
wenn es also
ein so lieblicher Oasis-Bauch war,
gleich diesem: was ich aber in Zweifel ziehe.
Dafür komme ich aus Europa,
das zweifelsüchtiger ist als alle Eheweibchen.
Möge Gott es bessern!
Amen!

Da sitze ich nun,
in dieser kleinsten Oasis,
einer Dattel gleich,

braun, durchsüßt, goldschwürig,
lüstern nach einem runden Mädchen-Maule,
mehr aber noch nach mädchenhaften
eiskalten schneeweißen schneidigen
Beißzähnen: nach denen nämlich
lechzt das Herz allen heißen Datteln.   Sela.

Den genannten Südfrüchten
ähnlich, allzuähnlich
liege ich hier, von kleinen
Flügelkäfern
umtänzelt und umspielt,
insgleichen von noch kleineren
törichteren boshafteren
Wünschen und Einfällen, –
umlagert von euch,
ihr stummen, ihr ahnungsvollen
Mädchen-Katzen
Dudu und Suleika
– *umsphinxt,* dass ich in Ein Wort
viel Gefühle stopfe
(– vergebe mir Gott
diese Sprachsünde! ...)
– sitze hier, die beste Luft schnüffelnd,
Paradieses-Luft wahrlich,
lichte leichte Luft, goldgestreifte,
so gute Luft nur je
vom Monde herabfiel,

sei es aus Zufall
oder geschah es aus Übermute?
wie die alten Dichter erzählen.
Ich Zweifler aber ziehe es in Zweifel,
dafür komme ich
aus Europa,
das zweifelsüchtiger ist als alle Eheweibchen.
Möge Gott es bessern!
Amen!

Ha!
Herauf, Würde!
Blase, blase wieder,
Blasebalg der Tugend!
Ha!
Noch Ein Mal brüllen,
moralisch brüllen,
als moralischer Löwe vor den Töchtern der Wüste brül-
len!
– Denn Tugend-Geheul,
ihr allerliebsten Mädchen,
ist mehr als Alles
Europäer-Inbrunst, Europäer-Heißhunger!
Und da stehe ich schon,
als Europäer,
ich kann nicht anders, Gott helfe mir!
Amen!

Die Wüste wächst: weh dem, der Wüsten birgt!
Stein knirscht an Stein, die Wüste schlingt und würgt.
Der ungeheure Tod blickt glühend braun
und *kaut*, – sein Leben ist sein Kaun ...

Vergiss nicht, Mensch, den Wollust ausgeloht:
Du – bist der Stein, die Wüste, bist der Tod ... ★★

Dionysos, Ariadne und
Zarathustra

Das trunkene Lied

Oh Mensch! Gib acht!
Was spricht die tiefe Mitternacht?
»Ich schlief, ich schlief –,
Aus tiefem Traum bin ich erwacht: –
Die Welt ist tief,
Und tiefer als der Tag gedacht.
Tief ist ihr Weh –,
Lust – tiefer noch als Herzeleid:
Weh spricht: Vergeh!
Doch alle Lust will Ewigkeit –,
– will tiefe, tiefe Ewigkeit!«

DAS NACHTLIED

Nacht ist es:
nun reden lauter alle springenden Brunnen.
Und auch meine Seele ist ein springender Brunnen.

Nacht ist es:
nun erst erwachen alle Lieder der Liebenden.
Und auch meine Seele ist das Lied eines Liebenden.

Ein Ungestilltes, Unstillbares ist in mir;
das will laut werden.
Eine Begierde nach Liebe ist in mir,
die redet selber die Sprache der Liebe.

Licht bin ich:
ach, dass ich Nacht wäre!
Aber dies ist meine Einsamkeit,
dass ich von Licht umgürtet bin.

Ach, dass ich dunkel wäre und nächtig!
Wie wollte ich an den Brüsten des Lichts saugen!

Und euch selber wollte ich noch segnen,
ihr kleinen Funkelsterne und Leuchtwürmer droben!
– und selig sein ob eurer Licht-Geschenke.

Aber ich lebe in meinem eignen Lichte,

ich trinke die Flammen in mich zurück,
      die aus mir brechen.

Ich kenne das Glück des Nehmenden nicht;
und oft träumte mir davon,
dass Stehlen noch seliger sein müsse als Nehmen.

Oh Unseligkeit aller Schenkenden!
Oh Verfinsterung meiner Sonne!
Oh Begierde nach Begehren!
Oh Heißhunger in der Sättigung!

Sie nehmen von mir:
aber rühre ich noch an ihre Seele?
Eine Kluft ist zwischen Geben und Nehmen;
und die kleinste Kluft ist am letzten zu überbrücken.

Ein Hunger wächst aus meiner Schönheit:
wehetun möchte ich denen, welchen ich leuchte,
berauben möchte ich meine Beschenkten:
– also hungere ich nach Bosheit.

Solche Rache sinnt meine Fülle aus:
solche Tücke quillt aus meiner Einsamkeit.

Mein Glück im Schenken erstarb im Schenken,
meine Tugend wurde ihrer selber müde
      an ihrem Überflusse!

Oh, dies ist die Feindschaft des Lichts
            gegen Leuchtendes:
erbarmungslos wandelt es seine Bahnen.

Oh, ihr erst seid es, ihr Dunklen, ihr Nächtigen,
die ihr Wärme schafft aus Leuchtendem!
Oh, ihr erst trinkt euch Milch und Labsal
aus des Lichtes Eutern!

Ach, Eis ist um mich,
meine Hand verbrennt sich an Eisigem!
Ach, Durst ist in mir, der schmachtet
            nach eurem Durste!

Nacht ist es:
ach, dass ich Licht sein muss!
Und Durst nach Nächtigem!
Und Einsamkeit!

Nacht ist es:
nun reden lauter alle springenden Brunnen.
Und auch meine Seele ist ein springender Brunnen.

Nacht ist es:
nun erst erwachen alle Lieder der Liebenden.
Und auch meine Seele ist das Lied eines Liebenden. –

Also sang Zarathustra.

DAS ANDERE TANZLIED

»In dein Auge schaute ich jüngst, oh Leben:
Gold sah ich in deinem Nacht-Auge blinken,
– mein Herz stand still vor dieser Wollust:

– einen goldenen Kahn sah ich blinken
auf nächtigen Gewässern,
einen sinkenden, trinkenden, wieder winkenden
goldenen Schaukel-Kahn!

Nach meinem Fuße, dem tanzwütigen,
warfst du einen Blick,
einen lachenden, fragenden, schmelzenden
Schaukel-Blick:
Zweimal nur regtest du deine Klapper
– da schaukelte schon mein Fuß vor Tanz-Wut. –
Meine Fersen bäumten sich,
meine Zehen horchten, dich zu verstehen:
trägt doch der Tänzer sein Ohr – in seinen Zehen!

Zu dir hin sprang ich:
da flohst du zurück vor meinem Sprunge;
und gegen mich züngelte
deines fliehenden fliegenden Haar's Zunge!

Von dir weg sprang ich und von deinen Schlangen:
da standst du schon, halbgewandt,
        das Auge voll Verlangen.

Mit krummen Blicken – lehrst du mich
    krumme Bahnen;
auf krummen Bahnen lernt mein Fuß – Tücken!

Ich fürchte dich Nahe, ich liebe dich Ferne;
deine Flucht lockt mich, dein Suchen stockt mich:
– ich leide, aber was litt ich um dich nicht gerne!

Wohin ziehst du mich jetzt, du Ausbund und Unband?
Und jetzt fliehst du mich wieder,
du süßer Wildfang und Undank!

Hier sind Höhlen und Dickichte:
wir werden uns verirren! – Halt! Steh still!
siehst du nicht Eulen und Fledermäuse schwirren?
Du Eule! Du Fledermaus!
Du willst mich äffen? Wo sind wir?
Von den Hunden lerntest du dies Heulen und Kläffen.

Du fletschest mich lieblich an mit weißen Zähnlein,
deine bösen Augen springen gegen mich
aus lockichtem Mähnlein!

Das ist ein Tanz über Stock und Stein:
ich bin der Jäger,
– willst du mein Hund oder meine Gemse sein?
Jetzt neben mir! Und geschwind,
    du boshafte Springerin!
Jetzt hinauf! Und hinüber!
– Wehe! da fiel ich selber im Springen hin!

Oh sieh mich liegen, du Übermut,
        und um Gnade flehn!
Gerne möchte ich mit dir – lieblichere Pfade gehn!

– der Liebe Pfade durch stille bunte Büsche!
Oder dort den See entlang:
da schwimmen und tanzen Goldfische!

Du bist jetzt müde?
da drüben sind Schafe und Abendröten:
ist es nicht schön; zu schlafen, wenn Schäfer flöten?

Du bist so arg müde?
Ich trage dich hin, lass nur die Arme sinken!
Und hast du Durst, – ich hätte wohl etwas,
aber dein Mund will es nicht trinken! –

– Oh diese verfluchte flinke gelenke Schlange
und Schlupf-Hexe!
Wo bist du hin? Aber im Gesicht fühle ich
von deiner Hand zwei Tupfen und rote Klexe!

Ich bin es wahrlich müde,
immer dein schafichter Schäfer zu sein!
Du Hexe, habe ich dir bisher gesungen,
nun sollst *du* mir – schrein!
Nach dem Takt meiner Peitsche sollst du mir tanzen
und schrein!
Ich vergaß doch die Peitsche nicht?
– Nein!« – *

NUR NARR! NUR DICHTER!

Bei abgehellter Luft,
wenn schon des Taus Tröstung
zur Erde niederquillt,
unsichtbar, auch ungehört
– denn zartes Schuhwerk trägt
der Tröster Tau gleich allen Trostmilden –
gedenkst du da, gedenkst du, heißes Herz,
wie einst du durstetest,
nach himmlischen Tränen und Taugeträufel
versengt und müde durstetest,
dieweil auf gelben Graspfaden
boshaft abendliche Sonnenblicke
durch schwarze Bäume um dich liefen,
blendende Sonnen-Glutblicke, schadenfrohe.

»Der *Wahrheit* Freier – du? so höhnten sie –
nein! nur ein Dichter!
ein Tier, ein listiges, raubendes, schleichendes,
das lügen muss,
das wissentlich, willentlich lügen muss,
nach Beute lüstern,
bunt verlarvt,
sich selbst zur Larve,
sich selbst zur Beute,
das – der Wahrheit Freier? ...

Nur Narr! Nur Dichter!
Nur Buntes redend,
aus Narrenlarven bunt herausredend,
herumsteigend auf lügnerischen Wortbrücken,
auf Lügen-Regenbogen
zwischen falschen Himmeln
herumschweifend, herumschleichend –
nur Narr! *nur* Dichter! ...

Das – der Wahrheit Freier? ...

Nicht still, starr, glatt, kalt,
zum Bilde worden,
zur Gottes-Säule,
nicht aufgestellt vor Tempeln,
eines Gottes Türwart:
nein! feindselig solchen Tugend-Standbildern,
in jeder Wildnis heimischer als in Tempeln,
voll Katzen-Mutwillens
durch jedes Fenster springend
husch! in jeden Zufall,
jedem Urwalde zuschnüffelnd,
dass du in Urwäldern
unter buntzottigen Raubtieren
sündlich gesund und schön und bunt liefest,
mit lüsternen Lefzen,
selig-höhnisch, selig-höllisch, selig-blutgierig,
raubend, schleichend, *lügend* liefest ...

Oder dem Adler gleich, der lange,
lange starr in Abgründe blickt,
in *seine* Abgründe …
– oh wie sie sich hier hinab,
hinunter, hinein,
in immer tiefere Tiefen ringeln! –
Dann,
plötzlich,
geraden Flugs,
gezückten Zugs
auf *Lämmer* stoßen,
jach hinab, heißhungrig,
nach Lämmern lüstern,
gram allen Lamms-Seelen,
grimmig gram allem, was blickt
tugendhaft, schafmäßig, krauswollig,
dumm, mit Lammsmilch-Wohlwollen …

Also
adlerhaft, pantherhaft
sind des Dichters Sehnsüchte,
sind *deine* Sehnsüchte unter tausend Larven,
du Narr! du Dichter! …

Der du den Menschen schautest
so *Gott* als *Schaf*–,
den Gott *zerreißen* im Menschen
wie das Schaf im Menschen
und zerreißend *lachen* –

Das, das ist deine Seligkeit,
eines Panthers und Adlers Seligkeit,
eines Dichters und Narren Seligkeit!« ...

Bei abgehellter Luft,
wenn schon des Monds Sichel
grün zwischen Purpurröten
und neidisch hinschleicht,
– dem Tage feind,
mit jedem Schritte heimlich
an Rosen-Hängematten
hinsichelnd, bis sie sinken,
nachtabwärts blass hinabsinken:
so sank ich selber einstmals,
aus meinem Wahrheits-Wahnsinne,
aus meinen Tages-Sehnsüchten,
des Tages müde, krank vom Lichte,
– sank abwärts, abendwärts, schattenwärts,
von Einer Wahrheit
verbrannt und durstig
– gedenkst du noch, gedenkst du, heißes Herz,
wie du da durstetest? –
Dass ich verbannt sei
von aller Wahrheit!
Nur Narr! *Nur* Dichter! ...

LETZTER WILLE

So sterben,
wie ich ihn einst sterben sah –,
den Freund, der Blitze und Blicke
göttlich in meine dunkle Jugend warf.
Mutwillig und tief,
in der Schlacht ein Tänzer –,

unter Kriegern der Heiterste,
unter Siegern der Schwerste,
auf seinem Schicksal ein Schicksal stehend,
hart, nachdenklich, vordenklich –:

erzitternd darob, *dass* er siegte,
jauchzend darüber, dass er *sterbend* siegte –:

befehlend, indem er starb
– und er befahl, dass man *vernichte* ...

So sterben,
wie ich ihn einst sterben sah:
siegend, *vernichtend* ...

KLAGE DER ARIADNE

Wer wärmt mich, wer liebt mich noch?
Gebt heiße Hände!
gebt Herzens-Kohlenbecken!
Hingestreckt, schaudernd,
Halbtotem gleich, dem man die Füße wärmt –
geschüttelt, ach! von unbekannten Fiebern,
zitternd vor spitzen eisigen Frostpfeilen,
von dir gejagt, Gedanke!
Unnennbarer! Verhüllter! Entsetzlicher!
getroffen
von dir, grausamster Jäger,
du unbekannter – *Gott!* ...

Triff tiefer!
Triff *ein* Mal noch!
Zerstich, zerbrich dies Herz!
Was soll dies Martern
mit zähnestumpfen Pfeilen?
Was blickst du wieder
der Menschen-Qual nicht müde,
mit schadenfrohen Götter-Blitz-Augen
Nicht töten willst du,
nur martern, martern?
Wozu – *mich* martern,
du schadenfroher unbekannter Gott?

Haha!
Du schleichst heran
bei solcher Mitternacht? ...
Was willst du?
Sprich!
Was willst du dir erstehlen?
Was willst du dir erhorchen?
was willst du dir erfoltern,
du Folterer!
du – Henker-Gott!

Sprich endlich!
Du Blitz-Verhüllter! Unbekannter! sprich!
Was willst du, Wegelagerer, von – *mir?* ...

Wie?
Lösegeld?
Was willst du Lösegelds?
Verlange viel – das rät mein Stolz!
und rede kurz – das rät mein andrer Stolz!

Haha!
Mich – willst du? mich?
mich – ganz? ...

Haha!
Und marterst mich, Narr, der du bist,
zermarterst meinen Stolz?

Gib *Liebe* mir – wer wärmt mich noch?
wer liebt mich noch?
gib heiße Hände,
gib Herzens-Kohlenbecken,
gib mir, der Einsamsten,
die Eis, ach! siebenfaches Eis
nach Feinden selber,
nach Feinden schmachten lehrt,
gib, ja ergib
grausamster Feind,
mir – *dich!* …

Davon!
Da floh er selber,
mein einziger Genoss,
mein großer Feind,
mein Unbekannter,
mein Henker-Gott! …
Nein!
Komm zurück!
Mit allen deinen Martern!
All meine Tränen laufen
zu dir den Lauf
und meine letzte Herzensflamme
dir glüht sie auf.
Oh komm zurück,
mein unbekannter Gott! mein *Schmerz!*
mein letztes Glück! …

*(Ein Blitz. Dionysos wird in smaragdener
Schönheit sichtbar.)*

   Dionysos:

Sei klug, Ariadne! …
Du hast kleine Ohren, du hast meine Ohren:
steck ein kluges Wort hinein! –
Muss man sich nicht erst hassen,
      wenn man sich lieben soll? …
Ich bin dein Labyrinth … ★

Rings nur Welle und Spiel

Musik des Südens

Nun ward mir alles noch zu Teil,
was je mein Adler mir erschaute
– ob manche Hoffnung schon vergraute –:
es sticht dein Klang mich wie ein Pfeil,
der Ohren und der Sinne Heil,
das mir vom Himmel niedertaute.

O zög're nicht, nach südlichen Geländen,
glücksel'gen Inseln, griechischem Nymphenspiel
des Schiffs Begierde hinzuwenden –
kein Schiff fand je ein schöner Ziel!

An die Melancholie

Verarge mir es nicht, Melancholie,
dass ich die Feder, dich zu preisen, spitze
und dass ich nicht, den Kopf gebeugt zum Knie,
einsiedlerisch auf einem Baumstumpf sitze.
So sahst du oft mich, gestern noch zumal,
in heißer Sonne morgendlichem Strahle:
begehrlich schrie der Geier in das Tal,
er träumt' vom toten Aas auf totem Pfahle.

  Du irrtest, wüster Vogel, ob ich gleich
so mumienhaft auf meinem Klotze ruhte!
Du sahst das Auge nicht, das wonnenreich
noch hin und her rollt, stolz und hochgemute.
Und wenn es nicht zu deinen Höhen schlich,
erstorben für die fernsten Wolkenwellen,
so sank es um so tiefer, um in sich
des Daseins Abgrund blitzend aufzuhellen.

  Du herbe Göttin wilder Felsnatur,
du Freundin liebst es, nah mir zu erscheinen;
du zeigst mir drohend dann des Geiers Spur
und der Lawine Lust, mich zu verneinen.
Rings atmet zähnefletschend Mordgelüst:
qualvolle Gier, sich Leben zu erzwingen!
Verführerisch auf starrem Felsgerüst
sehnt sich die Blume dort nach Schmetterlingen.

Dies alles bin ich – schaudernd fühl' ich's nach –
verführter Schmetterling, einsame Blume,
der Geier und der jähe Eisesbach,
des Sturmes Stöhnen – alles dir zum Ruhme,
du grimme Göttin, der ich tief gebückt,
den Kopf am Knie, ein schaurig Loblied ächze,
nur dir zum Ruhme, dass ich unverrückt
nach Leben, Leben, Leben lechze! **

SILS-MARIA

Hier saß ich, wartend, wartend, – doch auf Nichts,
jenseits von Gut und Böse, bald des Lichts
genießend, bald des Schattens, ganz nur Spiel,
ganz See, ganz Mittag, ganz Zeit ohne Ziel.

Da, plötzlich, Freundin, wurde Eins zu Zwei –
– und Zarathustra ging an mir vorbei …

DAS FEUERZEICHEN

Hier, wo zwischen Meeren die Insel wuchs,
ein Opferstein jäh hinaufgetürmt,
hier zündet sich unter schwarzem Himmel
Zarathustra seine Höhenfeuer an,
Feuerzeichen für verschlagne Schiffer,
Fragezeichen für solche, die Antwort haben …

Diese Flamme mit weißgrauem Bauche
– in kalte Fernen züngelt ihre Gier,
nach immer reineren Höhn biegt sie den Hals –

Meine Seele selber ist diese Flamme,
unersättlich nach neuen Fernen
lodern aufwärts, aufwärts ihre stille Glut.
Was floh Zarathustra vor Tier und Menschen?
Was entlief er jäh allem festen Lande?
Sechs Einsamkeiten kennt er schon –,
nach einer *siebenten* Einsamkeit
wirft er suchend jetzt die Angel über sein Haupt.

Verschlagne Schiffer! Trümmer alter Sterne!
Ihr Meere der Zukunft! Unausgeforschte Himmel!
nach allem Einsamen werfe ich jetzt die Angel:
gebt Antwort auf die Ungeduld der Flamme,
fangt mir, dem Fischer auf hohen Bergen,
meine siebente *letzte* Einsamkeit! – – *

DIE SONNE SINKT

1

Nicht lange durstest du noch,
verbranntes Herz!
Verheißung ist in der Luft,
aus unbekannten Mündern bläst mich's an
     – die große Kühle kommt ...

Meine Sonne stand heiß über mir im Mittage –
seid mir gegrüßt, dass ihr kommt,
     ihr plötzlichen Winde,
ihr kühlen Geister des Nachmittags!

Die Luft geht fremd und rein.
Schielt nicht mit schiefem
     Verführerblick
die Nacht mich an? ...
Bleib stark, mein tapfres Herz!
Frag nicht: warum? –

2

Tag meines Lebens!
         die Sonne sinkt.
Schon steht die glatte
         Flut vergüldet.
Warm atmet der Fels:
         schlief wohl zu Mittag
das Glück auf ihm seinen Mittagsschlaf?
         In grünen Lichtern
spielt Glück noch der braune Abgrund herauf.

Tag meines Lebens!
gen Abend geht's!
Schon glüht dein Auge
         halbgebrochen,
schon quillt deines Taus
         Tränengeträufel,
schon läuft still über weiße Meere
deiner Liebe Purpur,
deine letzte zögernde Seligkeit ...

3

Heiterkeit, güldene, komm!
        du des Todes
heimlichster, süßester Vorgenuss!
– Lief ich zu rasch meines Wegs?
Jetzt erst, wo der Fuß müde ward,
        holt dein Blick mich noch ein,
        holt dein *Glück* mich noch ein.

Rings nur Welle und Spiel.
        Was je schwer war,
sank in blaue Vergessenheit,
müßig steht nun mein Kahn.
Sturm und Fahrt – wie verlernt er das!
        Wunsch und Hoffen ertrank,
        glatt liegt Seele und Meer.

Siebente Einsamkeit!
        Nie empfand ich
näher mir süße Sicherheit,
wärmer der Sonne Blick:
– Glüht nicht das Eis meiner Gipfel noch?
        silbern, leicht, ein Fisch
        schwimmt nun mein Nachen hinaus …

Zu dieser Ausgabe

Diese Ausgabe wendet sich an Liebhaber von Lyrik, nicht an Literaturwissenschaftler. Die Auswahl, die Zusammenstellung – mit dem Versuch einer thematischen Zuordnung – und die Kürzungen zielen darauf, Friedrich Nietzsche vorzustellen als den überragenden deutschsprachigen Lyriker seiner Zeit. Diese Zeit beginnt 1858, kurz nach dem Tod Heinrich Heines (der ›Deutschland. Ein Wintermärchen‹ in Nietzsches Geburtsjahr 1844 niedergeschrieben hatte) und endet mit Nietzsches Umnachtung in den ersten Tagen des Jahres 1889 (kurz bevor Stefan George und Hugo von Hofmannsthal ihre ersten Gedichte veröffentlichen), umfasst also dreißig Jahre.

Es war die Epoche der Epiker, wie den Worten zu entnehmen ist, mit denen Nietzsche-Biograph Werner Ross begründet hat, warum Nietzsche auch für ihn »der größte Lyriker seiner Zeit« war: »schwungvoller als Gottfried Keller, hinreißender als Conrad Ferdinand Meyer, tiefer und origineller als Theodor Storm«. Hinzugefügt kann werden, dass ein Gedicht wie »Die Krähen schrei'n« Rilke-Töne vorwegnimmt und dass die ›Dionysos-Dithyramben‹ streckenweise bereits die Sprache des Expressionismus sprechen (»Stein knirscht an Stein, die Wüste schlingt und würgt«).

Diese ›Dionysos-Dithyramben‹ sind auf die Weihnachtstage des Jahres 1888 datiert und könnten somit als Nietzsches letztes Werk gelten. Es handelt sich aber – wie bei vielen seiner Werke dieses »Dreikaiserjahres« – weniger um neu geschriebene Texte als vielmehr um redigierte Zusammenstellungen aus der Masse seiner Notizen. Einige der Dithyramben gehen auf das Jahr 1883 zurück, was ihren Wert aber nur unterstreicht, wenn man bedenkt, dass in jenem Jahr die Verse eines Emanuel Geibel – demzufolge am deutschen Wesen die Welt genesen solle – ihre hundertste Auflage erlebten. Nietzsches Einsamkeit, die er zum Ausdruck brachte wie kaum ein zweiter, war sehr real. Er sprach mit neuer, gänzlich unerhörter Stimme: einer Stimme, die erst nach ihrem Verstummen Gehör fand, dann aber die folgende Epoche bis zum Ausbruch des Weltkriegs durchdrang und seither nicht aufgehört hat zu wirken.

Friedrich Nietzsche war kein lyrisches Wunderkind. Seine frühesten Gedichte zeigen, dass der 14- und 15-jährige Knabe sehr geschickt auf der klassisch-romantischen Klaviatur zu spielen verstand. Anklänge an Luthers Choräle, Klopstocks Oden, Schillers Distichen, Uhlands Balladen und Lenaus Lieder sind zu hören, Eichendorffs Waldhörner erklingen und Heines Wehmut ist mit im Spiel. Bei diesen durchaus bemerkenswerten, aber völlig epigonalen Etüden und Talentproben ist zu beachten, dass es sich um kärgliche Überreste handelt. Als Student in Leipzig hat Nietzsche alle seine Jugendgedichte – für die er immerhin ein Verzeichnis angefertigt hatte –, »in den Ofen« gesteckt; übrig geblieben ist nur, was seine Schwester und die Empfänger seiner Briefe aufbewahrt haben.

Der Herausgeber hat sich erlaubt, einige Gedichte zu kürzen, was am Ende der jeweiligen Texte mit einem Sternchen vermerkt ist, im Falle von starken Kürzungen mit zwei Sternchen (**). Die Kürzungen dienen der Hervorhebung des Vorzüglichen und im Falle der Dionysos-Dithyramben auch einer besseren Lesbarkeit; vertretbar sind diese Kürzungen natürlich nur, weil Ausgaben von Nietzsches sämtlichen Gedichten in ungekürzter Form erhältlich sind.

Wer Gedichte gern auswendig lernt, weiß, dass in nicht wenigen Fällen das Gedächtnis solche Kürzungen vornimmt. So behält man beispielsweise im ›Abendlied‹ von Matthias Claudius die szenisch-anschaulichen Strophen (»Der Mond ist aufgegangen« – »Wie ist die Welt so stille« – »So legt euch denn ihr Brüder«), während die drei reflexiv-moralisierenden Gebetsstrophen des Gedichts häufig vergessen werden.

Nietzsche hat den Plan eines separaten Gedichtbandes fallen gelassen; die vorliegende Zusammenstellung berücksichtigt daher nicht, ob ein Gedicht aus den veröffentlichten Werken stammt (die meisten aus ›Die fröhliche Wissenschaft‹, dtv 30153), oder ob es dem Nachlass entnommen ist (vieles davon stammt aus dem Jahr 1884, dtv 59044 / 10).

Ausgebreitet werden soll Nietzsches dichterische Spannweite: in formaler Hinsicht – Lied, Ballade, Spruch, Parodie, Stanze, freie Rhythmen – wie in thematischer Hinsicht, wobei auffällt, dass Freundschaft eine große, Erotik aber nur eine kleine Rolle spielt. Sexualität wird humoristisch behandelt (›Die fromme Beppa‹, ›Lied eines theokratischen Ziegen-hirten‹), und wo Nietzsche sich dem Inbegriff von Lyrik nähert, dem Liebesgedicht, da ist die Geliebte untreu (›Un-treue Liebe‹) oder eine Grabsteinfigur (›Campo santo di Staglieno‹ – in der ersten Fassung des Gedichts heißt es »Ich ein Grabstein-Narr«).

Es handelt sich erkennbar um Dichtungen eines Denkers. Für

Fachphilosophen liegt also der Verdacht nahe, Nietzsches denkerische Leistungen könnten von seinen dichterischen Ambitionen beeinträchtigt worden sein. Die Frage, ob der »Dichter-Philosoph« ein »wirklicher Philosoph« war, ist jedenfalls weit häufiger gestellt worden als die Frage, ob er als »wirklicher Dichter« gelten könne. Das Erstaunliche ist eben nicht, dass der Denker auch ein Dichter war – ein Musiker war er ja noch obendrein –, sondern dass er so wenig »gereimte Weltanschauung« produzierte.

Es sollte nicht schaden, wenn Leser von Gedichten unversehens hineingeführt werden in eine große Gedankenwelt. Das beste Beispiel dafür sind die Verse, mit denen unser Band schließt und die ihm seinen Titel gegeben haben: »Heiterkeit, güldene, komm!« Diese Verse – eigentlich das ganze Gedicht ›Die Sonne sinkt‹, in dem Wärme und Kälte, Leben und Tod, Einsamkeit und Seligkeit farbenprächtig ineinander strömen – sind das vollendete lyrische Äquivalent dessen, was Nietzsche in seiner Prosa als Philosophie des *amor fati* dargestellt hat.

Letzten Endes darf man wohl sagen: Hätte Nietzsche kein einziges Prosawerk und auch kein ›Vorspiel einer Philosophie der Zukunft‹ verfasst, seine Gedichte würden ihm einen Ehrenplatz in der deutschen Literatur sichern.

J. P.

Alphabetisches Verzeichnis
der Gedichtüberschriften
und Gedichtanfänge